AF358053

CATALOGUE

D'UN

BEAU MEUBLE DE SALON

EN TAPISSERIE D'AUBUSSON

de l'Époque Louis XVI

COMPOSÉ D'UN CANAPÉ ET DE HUIT FAUTEUILS

DEUX TABLEAUX EN TAPISSERIE

PAR COZETTE

FLEURS ET FRUITS

BELLE PENDULE LOUIS XVI EN MARBRE ET BRONZE

MINIATURES PAR VAN BLARENBERGHE

BIJOUX, OBJETS DE VITRINE, PORCELAINES, FAIENCES, SCULPTURES, ARMES, OBJETS DIVERS

MEUBLES ANCIENS EN MARQUETERIE

Vitrine de style Louis XVI, par Raulin

TAPIS, RIDEAUX

DONT LA VENTE AURA LIEU

HOTEL DROUOT SALLE N° 11

Le Mercredi 22 Mai 1901

à deux heures 1/2

COMMISSAIRE-PRISEUR	EXPERT
M° LÉON TUAL	**M. B. LASQUIN**
56, rue de la Victoire	12, rue Laffitte

Chez lesquels on trouve le présent Catalogue

EXPOSITION PUBLIQUE

Le Mardi 21 Mai 1901, de 1 heure 1/2 à 5 heures 1/2

CONDITIONS DE LA VENTE

Elle sera faite au comptant.

Les acquéreurs paieront *dix pour cent* en sus des prix d'adjudications.

L'exposition mettant le public à même de se rendre compte de l'état des objets, il ne sera admis aucune réclamation l'adjudication prononcée.

Paris. — Imp. de l'Art, E. Moreau et Cᵉ, 41, rue de la Victoire.

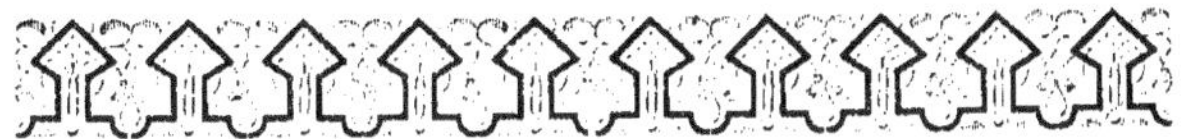

DÉSIGNATION

TAPISSERIES ANCIENNES

1 — Bel ameublement de salon, de l'époque Louis
XVI, en tapisserie fine d'Aubusson, fond rose à
sujets de figures d'enfants villageois, dans le
goût de Boucher, sur les dossiers, et animaux,
dans le genre d'Oudry, sur les sièges, montures
de l'époque, en bois sculpté à feuilles d'acanthe
et doré.

Il est composé d'un canapé et de huit fauteuils à dossiers ovales.

Le canapé représente, sur le dossier, un
médaillon ovale avec sujet pastorale de trois
figures entouré d'une guirlande de fleurs et
retenu par un nœud de rubans ; de chaque côté
de ce médaillon sont appendues deux autres
couronnes de fleurs. Le siège de décoration,
analogue, offre dans un médaillon un sujet de
chasse au sanglier.

Les fauteuils représentent les sujets suivants
sur les dossiers et sur les sièges : Enfant
pêcheur à la ligne ; Chien poursuivant un écu-
reuil, Bergère assise ; Chien attaquant un renard.

Enfant à la cage ; Chiens. La Corbeille d'œufs ren-
versée ; Chien en arrêt devant un lièvre. Enfant
faisant voler un oiseau ; Biches au repos. Bergère et son chien ; Chèvre et mouton. Le Petit
Berger ; Moutons. La Petite Jardinière ; Chèvre
et son chevreau.

2 — Deux tableaux de forme ovale, en tapisserie
des Gobelins, exécutés par *Cozette* 1771. Ils
représentent, l'un, une corbeille de fruits : poires,
pêches, raisins blancs et noirs, sur une table
recouverte d'un tapis de velours. L'autre, une
corbeille où s'épanouissent des roses, des œillets
et d'autres fleurs variées, également sur une table
recouverte d'un tapis de velours bleu.

Haut., 66 cent.; larg., 79 cent.

PENDULE LOUIS XVI

3 — Importante pendule de l'époque Louis XVI,
en marbre gravé, imitant le porphyre gris et
bronze finement ciselé et doré. Le cadran, au
nom de *Revel au Palais-Royal*, indique les
minutes et les quantièmes. Il est placé entre
deux pilastres gravés, à ornements et flanqués
de deux cariatides de femmes drapées, debout.
Au-dessous du cadran, un sujet peint en grisaille sur fond rose par A. *De Gault*, représente
un sacrifice à l'amour ; deux amours voltigeant
sur un nuage couronnent cette pièce entre deux
vases cassolettes. La base est ornée d'un beau

motif à figures d'amours et de rinceaux, délica-
tement ciselés et dorés ainsi que deux autres
amours peints en grisaille. Cette pendule est en
outre garnie dans toutes ses parties de diffé-
rentes moulures à oves, torsades, perles et rais
de cœurs. Cette pièce importante provient de la
Collection de M. Reiset, ancien Directeur des
Beaux-Arts.

Haut., 56 cent.; larg., 45 cent.

MINIATURES DE BLARENBERGHE

4 — Miniature ronde, sur vélin, par *Van Blarenberghe*, représentant une fête de village avec
nombreuses figures; au premier plan, un repas
sur l'herbe et des joueurs de Colin-Maillard; plus
loin, des joueurs de quilles, des buveurs, des
cavaliers et deux carrosses sur une route con-
duisant à une rivière au fond du paysage. Signa-
ture au bas.

Diam., 80 millim.

5 — Petite miniature ovale, par Van Blarenberghe,
représentant une bataille; au premier plan, à
gauche, le commandant d'armée et son état-
major; plus loin, le passage d'une rivière par
des cavaliers et des fantassins. Signée au bas :
Van Blarenberghe et la date 1771.

Haut., 50 millim.; larg., 80 millim.

6-7 — Deux miniatures rectangulaires, sur vélin,
par Van Blarenberghe, représentant l'une : le

Roi ou un maréchal de France, suivi de quel-
ques officiers, sur une route dominant une
plaine; au fond de laquelle un grand château.
L'autre, un camp et la fin d'une bataille, avec
une ville en flammes au fond. Cadres en bronze
doré.

Haut., 50 millim.; larg., 90 millim.

BIJOUX, OBJETS DE VITRINE

8 — Béquille de canne en or, simulant une tresse
sur laquelle courent des tiges de fleurs émail-
lées en plein et en couleurs. Aux deux extré-
mités, un blason émaillé et un chiffre en relief.

9 — Petit flacon à odeur, forme balustre, applati
en or ciselé à ornements rocailles et émaillé en
plein à fleurettes en couleurs, avec la devise :
Gage durable d'amitié sincère.

10 — Boîte ovale Louis XVI, en cuivre doré, avec
miniature : Portrait d'homme en buste, de l'é-
poque.

11 — Boîte ovale Louis XVI, en cuivre gravé à rubans et doré, ornée d'un petit émail : Portrait
de femme entouré de jargons.

12 — Petite boîte ronde, en émail de Battersea, dé-
corée d'un paysage peint et d'ornements en do-
rure.

13 — Miniature ovale : Portrait de femme de l'époque Louis XVI, assise près d'une fenêtre. Signée : *C. de Presles*.

14 — Petite miniature ovale : Jeune femme en buste.

15 — Dessin au crayon : Portrait de femme du temps de l'Empire. Cadre en bronze.

16 — Poliptyque greco-russe, en cuivre fondu et émaillé en partie, sujets de la vie du Christ.

17 — Petit coffre, en bois gravé, à rinceaux et peint.

18 — Lorgnette de théâtre, en ivoire.

PORCELAINES ET FAIENCES

19 — Beau groupe de trois figures, en vieux Saxe : Baratteuse et deux paysans, l'un tenant une fourche et un fléau ; l'autre, accroupi, arrangeant un soc de charrue.

20 — Deux girandoles, à deux lumières, en porcelaine de Saxe, à décor de fleurs et ornements rocaille.

21 — Douze couteaux et douze fourchettes, à manches en porcelaine de Saxe, à fleurs et insectes

22 — Six manches de couteaux, en porcelaine de Saxe, à décor d'oiseaux.

23 — Statuette de jeune baigneuse attrapant un canard, en porcelaine, pâte tendre, sur terrasse rocaille, en bronze ciselé et doré.

24 — Statuette de femme debout, drapée, tenant une feuille, en ancienne porcelaine allemande.

25 — Groupe de quatre enfants musiciens en ancien blanc de Saxe. Socle rocaille en bronze doré.

26 — Groupe de deux figures : Bacchus et Cérès, sur base rocaille, en ancien blanc de Saxe.

27 — Figure d'enfant assis, jouant de la flûte, en porcelaine ancienne de Saxe, socle en bronze.

28 — Deux potiches, en porcelaine de Chine.

29 — Deux oiseaux, en grès émaillé de Chine.

30 — Bouteille, en céladon gris craquelé de Chine.

31 — Jardinière-applique, en vieux Chine, décor bleu.

32 — Assiette, en porcelaine blanche, et théière en Saxe moderne.

33 — Quatre soucoupes, en porcelaine tendre de de Saint-Cloud, décor bleu.

34 — Quinze manches de couteaux, en porcelaine du Japon et autres.

35 — Moutardier en cristal de Bohême, émaillé à fleurs.

36 — Flambeau, en émail de Saxe.

37 — Dix-neuf pots à crème, en porcelaine tendre de Chantilly, à côtes, décor bleu et un sucrier.

38 — Douze pots à crème, de deux modèles, en Tournay, décor bleu et un moutardier.

39 — Six petits bols et un sucrier en Tournay, décor bleu.

40 — Pot à crème, en porcelaine dure de Sèvres, décor à fleurs.

41 — Soucoupe, en porcelaine tendre, à fleurs à oiseaux.

42 — Tasse et soucoupe, en porcelaine tendre de Mennecy.

43 — Chien griffon assis, en porcelaine de Saxe.

44 — Deux groupes de trois enfants en biscuit : allégories du Printemps et de l'Automne.

45 — Deux vases forme Médicis, en biscuit.

46 — Deux cache-pots en porcelaine, de la fabrique du duc d'Angoulême, décorés de fleurs en grisaille.

47 — Deux vases à piédouche et à anses-têtes de béliers en porcelaine de l'époque Louis XVI.

décorés chacun d'un large bouquet de fleurs peint en couleurs et réservé sur fond marbre rosé.

18 — Deux vases-balustres en porcelaine de Chine, gaufrée à fleurs en blanc sur fond bleu.

19 — Deux petits brûle-parfums à trois pieds, en ancien grès émaillé de Chine, fond violet et bleu turquoise, garnis de bronze doré.

50 — Groupe en faïence blanche : l'Enlèvement de Déjanire par le centaure Nessus.

51 — Autre groupe en faïence blanche : amour et chien au pied d'un vase.

52 — Petit plat ovale en faïence de Rouen, décor bleu à rosaces et lambrequins.

53 — Petit vase de forme, en ancienne faïence de Marseille, avec décor de fleurs.

54 — Une paire de vases-balustres en vieux Chine : décor bleu à paysages et lambrequins.

55 — Assiette vieux Chine, avec corbeille et médaillons en réserve au marli.

56 — Assiette vieux Chine, famille rose, à décor de fleurs, avec marli gaufré et bordure noire.

57 — Plat ovale, en faïence de Strasbourg, à décor de fleurs.

SCULPTURES

58 — Groupe en terre cuite, du XVIII° siècle, composé de trois enfants jouant au cheval fondu.

59 — Groupe en terre cuite, du XVIII° siècle, formé de deux enfants. Allégorie.

60 — Statuette d'enfant nu, coiffé d'un chapeau à plumes, avec draperie rejetée sur l'épaule, le pied droit posé sur un dauphin ; terre cuite du XVII° siècle.

61 — Deux groupes de deux enfants, de l'école flamande du XVIII° siècle.

62 — Deux statuettes du XVII° siècle ; enfants portant des attributs relatifs à l'artillerie.

63 — Groupe en terre cuite du XVIII° siècle : deux enfants symbolisant l'hiver.

64 — Groupe en plâtre : Boucher tenant un bélier.

OBJETS DIVERS

65 — Fusil d'époque Louis XV, garniture argent.

66 — Poignard, Renaissance, fer forgé.

67 — Poignard italien, Renaissance, poignée en bronze.

68 — Une paire de petits pistolets Louis XIV, garnis d'argent, d'un très beau travail.

69 — Pistolet-éprouvette, Époque Régence.

70 — Épée de l'époque Directoire, avec poignée en bronze doré et plaquettes de nacre.

71 — Épée de la Régence, fer ouvragé.

72 — Épée Louis XV, fer forgé, damasquinée or.

73 — Lot de quatre épées, d'époques diverses.

74 — Pistolet Louis XIV, garniture niellée en fer poli.

75 — Plaque de cuivre, avec sept émaux, sujets religieux.

76 — Deux petits vases, en émail cloisonné du Japon, à fond rouge.

BRONZES

77 — Pendule Louis XVI, en bronze ciselé et doré, le cadran surmonté d'une corbeille et flanqué d'une cassolette et d'une jatte de raisin.

78 — Petite pendule, de l'époque Louis XVI, en forme de temple carré, à colonnettes en bronze sur base en marbre blanc; le dessus contient

le mouvement à cadran tournant, surmonté de
guirlandes de fleurs.

79 — Deux petits chenets Louis XIV, forme vase,
en cuivre argenté.

80 — Beau lustre Louis XIV, monture bronze doré,
belle garniture de cristaux.

81 — Cartel avec support-applique, en bronze ciselé
et doré, de style Louis XV, à dragons et
rocailles.

82 — Pendule Louis XIV, dite Religieuse, en bois
noir plaqué d'écaille, avec ornements de bronze
doré.

MEUBLES

83 — Bureau plat, de l'époque Louis XV, en bois
satiné, orné de chutes, de poignées et de sabots
rocailles, en bronze doré: le dessus entouré d'un
quart de rond de bronze.

84 — Secrétaire, de l'époque Louis XVI, à pans coupés,
à abattant, deux portes en bas et un tiroir dans
le haut, en bois de rose, marqueté à filets et
bandes verticales ton sur ton. Dessus de marbre blanc.

85 — Petit meuble d'entre-deux, de l'époque
Louis XV, à face et côtés contournés en mar-
queterie de bois de citronnier, violette et érable

à damier, il ouvre à deux portes et est garni de sabots et d'un cul-de-lampe en bronze. Dessus de marbre

86 — Bureau à abattant, de l'époque Louis XV, en bois de placage. Entrées, chutes, etc., en bronze finement ciselé et doré.

87 — Petite commode Louis XV, à deux tiroirs, sur pieds cambrés élevés, en placage de bois de violette, garnie d'anneaux, en bronze. Dessus de marbre.

88 — Buffet, de l'époque Louis XV, à pans coupés, petits pieds cambrés et ouvrant à deux portes, en placage de bois satiné et de bois de violette. Dessus de marbre.

89 — Elégante vitrine de salon, de style Louis XVI, de forme arrondie, en bois d'acajou, ornée de bronze, ciselés et dorés, exécutée par la maison *Rudin*. Le bas, composé d'une console à fond plein et tablette d'entre-jambes, offre sur la ceinture plaquée d'ébène un enroulement de feuilles de lauriers; le haut est à pilastres cannelés avec frise de rosaces et galerie de bronze. Intérieur à fond de glace.

90 — Armoire ancienne provençale, à panneaux pleins, garnie de ses ferrures en acier.

91 — Console ancienne en bois sculpté et doré, à dessus de marbre.

92 — Deux grandes torchères, formées de négrillons
debout et drapés, supportant des coquilles.
Bases ornées de guirlandes.

93 — Petite console Louis **XV** en chêne, avec
dessus de marbre rouge.

94 — Glace Louis XIV, à fronton avec bordure en
bois sculpté et doré, à fond de verre églomisé,
offrant sur l'encadrement des entrelacs avec
figurines dans le goût de Bérain et sur le fronton
le sujet de Daphné changée en laurier.

95 — Glace dans un cadre Louis XIV en bois sculpté,
ajouré et doré, orné d'un fronton et d'un motif
de cul-de-lampe de même style.

96 — Très grand baromètre dans un cadre en bois
sculpté et doré, à figures d'amours et branches
en chêne et tiges d'œillets.

97 — Fauteuil Louis XIV, grand modèle, à dessus
carré, en bois sculpté et redoré, avec entre-jambe;
il est garni d'une broderie de soie ancienne, à
vases et guirlande de fleurs appliquée sur fond
de satin rouge.

98 — Trois sièges-causeuses Louis XIV, de dimen-
sion inégales, mais assortis, en bois sculpté
laqué; couverture en velours jaune gaufré.

99 — Chaise de repos en bois d'acajou, avec filets

de cuivre, recouverte en velours gaufré. Fin du
XIIIe siècle.

100 — Parement de cheminée en peluche brodée.

101 — Lot de rideaux divers.

102 — Tapis en moquette.

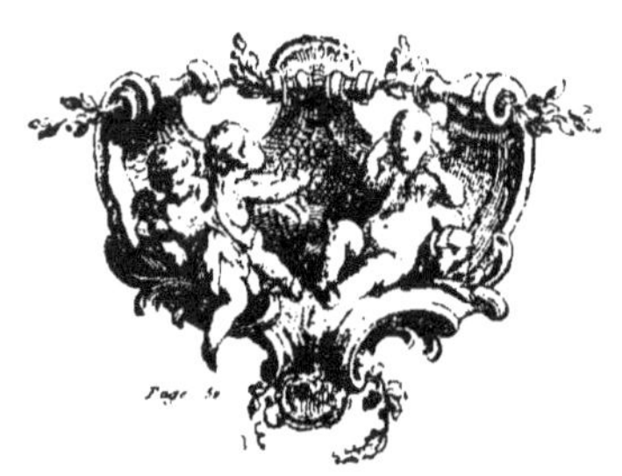